Début d'une série de documents
en couleur

CE QUE COÛTAIT

AU QUATORZIÈME SIÈCLE

LE

TOMBEAU D'UN CARDINAL

PAR

L. GUIBERT

CORRESPONDANT DU COMITÉ
DES SOCIÉTÉS DES BEAUX-ARTS DES DÉPARTEMENTS

PARIS

TYPOGRAPHIE DE E. PLON, NOURRIT ET Cⁱᵉ

RUE GARANCIÈRE, 8

—

1895

PARIS

TYPOGRAPHIE DE E. PLON, NOURRIT ET Cie

Rue Garancière, 8.

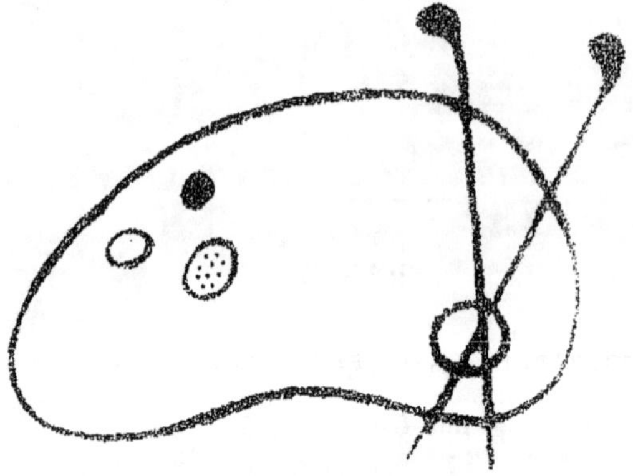

Fin d'une série de documents
en couleur

CE QUE COÛTAIT

AU QUATORZIÈME SIÈCLE

LE

TOMBEAU D'UN CARDINAL

PAR

L. GUIBERT

CORRESPONDANT DU COMITÉ
DES SOCIÉTÉS DES BEAUX-ARTS DES DÉPARTEMENTS

PARIS

TYPOGRAPHIE DE E. PLON, NOURRIT ET Cie

RUE GARANCIÈRE, 8

1895

Ce mémoire a été lu à la réunion des Sociétés des Beaux-Arts des départements, tenue dans l'hémicycle de l'École des Beaux-Arts, à Paris, le 16 avril 1895.

CE QUE COÛTAIT

AU QUATORZIÈME SIÈCLE

LE

TOMBEAU D'UN CARDINAL

Limoges se montre à bon droit fier du superbe jubé de sa cathédrale, œuvre délicate et harmonieuse, page magistrale de la Renaissance [1], sur laquelle, malheureusement, l'artiste a omis de graver son nom. Auprès de notre jubé, nous pouvons faire admirer à l'étranger le mausolée de Jean de Langeac, à qui sa ville épiscopale doit ce magnifique morceau, et les puissants bas-reliefs qui décorent la sépulture du prélat; les dentelles de granit du beau portail Saint-Jean et les vantaux, d'une composition si intéressante, qui en ferment l'entrée. On trouve aussi, dans plusieurs de nos églises et de nos chapelles, à Saint-Pierre, à l'Hôpital, à Sainte-Marie et ailleurs, des retables, des statuettes, des fragments qui font honneur à l'imagination de nos sculpteurs des dix-septième et dix-huitième siècles, à leur goût, à l'habileté et à la souplesse de leur ciseau. Mais de toutes les œuvres dont leurs prédécesseurs du Moyen Age avaient enrichi nos sanctuaires et nos couvents, il ne subsiste que des spécimens d'importance secondaire. Quand nous aurons mentionné la jolie croix de pierre des Grands Carmes, aujourd'hui à la porte de Saint-Aurélien; la Vierge d'albâtre de Saint-Pierre; le monument dit du *Bon Mariage*, provenant de l'abbaye de Saint-Martin et recueilli au Musée national; les tombeaux de Regnaud de La Porte et de Bernard Brun, à la cathédrale, et les deux beaux morceaux du chevet : la statue de saint Martial et le groupe de la

[1] Un surmoulage de ce jubé existe au Musée du Trocadéro.

Lapidation de saint Étienne, nous aurons énuméré, sans en omettre aucun, tous les restes de quelque valeur de la sculpture du Moyen Age que possède notre ville. Perdues, les grandes statues des douze apôtres, de saint Martial, de sainte Valérie et de quelques autres, ces figures « d'excellent ouvrage », de « la hauteur d'un homme », et « encore en nombre de vingt-deux » au dix-septième siècle, qui décoraient le grand cloître de l'abbaye fondée auprès du sanctuaire du premier évêque de Limoges et que l'auteur anonyme de nos *Annales* proclamait être « des plus belles de France [1] »… Disparus, ces tombeaux qui peuplaient d'images de saints et de morts illustres l'intérieur de nos anciens monastères… Disparus, le sépulcre de marbre blanc du cardinal Nicolas de Besse et la statue de pierre du patriarche Guillaume Lamy dans la cathédrale de Saint-Étienne… Disparues, les *Mises au tombeau* des églises de Saint-Pierre du Queyroix, de Saint-Michel des Lions et de la cathédrale… Anéantis, le grand bas-relief de la Cène que le onzième ou le douzième siècle avait déroulé au-dessus du portail méridional de la basilique de l'apôtre d'Aquitaine ; et les riches sépultures qui montraient leurs effigies de marbre autour du chœur de la célèbre église ; et le retable de la chapelle de Sainte-Agathe avec sa Vierge renommée ; et l'image de Notre-Dame placée dès les premières années du treizième siècle au-dessus de l'autel du Saint-Sauveur ; et la statue de la Madeleine qu'on montrait derrière cet autel ; et les images en pierre blanche des deux Jouviond, et tant d'autres objets que nos vieux auteurs ont omis de signaler et dont nous ne pouvons pas même constater la disparition…

Au nombre des monuments les plus intéressants de la sculpture du quatorzième siècle qui aient péri avec l'édifice où ils avaient reçu asile, il faut mentionner deux tombeaux placés l'un à droite et l'autre à gauche de l'autel élevé à l'entrée du chœur de l'église de Saint-Martial, et occupant de chaque côté de l'ancien jubé la première travée des arcades du pourtour intérieur. Ces sépultures étaient celles de deux cardinaux limousins, Guillaume (*alias* Gui) d'Arfeuille, évêque de Saragosse, et Guillaume de Chanac, évêque de Mende, dont la promotion à la pourpre romaine était due non

---

[1] *Annales manuscrites de Limoges,* dites *Manuscrit de* 1638, publiées par MM. Em. Ruben, F. Achard et P. Ducourtieux. (Limoges, Vve H. Ducourtieux, 1872, in-8°, p. 191.)

moins à leur haute valeur personnelle qu'à leur origine et à leur parenté avec les Souverains Pontifes donnés à l'Église par notre diocèse. C'était le moment où se couvrait de fleurs ce « rosier » planté comme un défi et une réponse victorieuse aux sarcasmes de l'avenir, par un homme de talent, de cœur et d'un large esprit, le Pape Clément VI, le Léon X du quatorzième siècle, demeuré profondément attaché à sa province natale; le moment où la chrétienté pouvait se demander si les suprêmes fonctions de la hiérarchie catholique n'allaient pas devenir une sorte de fief dévolu aux Limousins.

Guillaume de Chanac et Guillaume d'Arfeuille avaient, comme les Papes dont ils tenaient leurs dignités, conservé au milieu des grandeurs le vif souvenir et l'amour du pays natal. Cette affection, dont ils avaient donné souvent des marques, les dispositions de leurs testaments en offrirent de généreux témoignages. L'église et le monastère de Saint-Martial, surtout, eurent une large part dans leurs libéralités. Ils y fondèrent l'un et l'autre des vicairies, léguèrent à l'abbaye de riches ornements et voulurent que leur corps fût inhumé auprès du sépulcre où avaient longtemps reposé les restes du patron de Limoges et du diocèse.

Les tombeaux qui leur furent élevés se voyaient encore au moment où la vieille basilique fut fermée en exécution du décret supprimant le chapitre qui avait remplacé au seizième siècle l'ancienne communauté de Bénédictins. Ces monuments n'étaient ni l'un ni l'autre intacts à cette époque; celui du cardinal de Mende avait été démoli, puis reconstruit à l'aide de matériaux dont une partie seulement provenait de l'ancien mausolée. La sépulture du cardinal de Saragosse, bien qu'elle fût demeurée à sa place, avait été fort maltraitée et portait les cicatrices des outrages et des brutalités des hommes avec celles des injures du temps. Un magistrat érudit du dix-huitième siècle, qui prétendait appartenir à la famille du prélat [1], reprochait à « Messieurs de Saint-Martial » de ne prendre aucun soin de ce tombeau et de « le laisser tout rompre ». Les bons chanoines n'avaient pas eu beaucoup plus de souci de la précieuse bibliothèque de manuscrits que leur avaient léguée les religieux Bénédictins; mais au moins l'avaient-ils préservée de détériorations graves et avaient-

---

[1] M. d'Aigrefeuille, président à la Cour des aides de Montpellier.

ils, en la vendant, en 1730, à la Bibliothèque du Roi, pris la mesure la plus efficace pour assurer sa conservation.

Les archives de l'abbaye de Saint-Martial, qui constituent un des fonds les plus intéressants du dépôt départemental de la Haute-Vienne, ne nous ont fourni aucun document ayant trait à la sépulture de Guillaume d'Arfeuille. Nous savons seulement que ce tombeau était de marbre blanc et que, sur le lit funèbre, on voyait étendue la statue du cardinal de Saragosse. De ce monument, que le président d'Aigrefeuille qualifie de « mausolée magnifique » à une curieuse note accompagnant une vue de l'intérieur du chœur de la basilique limousine [1], il ne reste rien; on ne l'a jamais dessiné [2], et nous ignorons même l'époque exacte de la destruction de ce tombeau : la démolition de l'édifice, commencée en messidor an V, ayant duré jusqu'en 1812.

Nous ne savons pas davantage à quel moment on acheva de briser le tombeau de Guillaume de Chanac, et il ne paraît pas qu'il en ait été conservé le moindre fragment. Mais les liasses de nos archives recèlent nombre de pièces dans lesquelles il est parlé tant des dispositions testamentaires du cardinal de Mende que de l'exécution de ses dernières volontés. Nous avions eu déjà, il y a une douzaine d'années, l'occasion d'en signaler plusieurs. Ces jours derniers, un heureux hasard nous faisait découvrir, dans la liasse du fonds de Saint-Martial qui porte le n° provisoire 7769, un parchemin complétant les indications fournies par ces premiers documents et offrant un certain intérêt pour les personnes curieuses des choses de l'art et de l'archéologie. C'est non pas un compte à proprement parler, mais la série des quittances délivrées, au sous-prieur de l'abbaye, par les divers artistes et ouvriers appelés à collaborer à l'édification et à la décoration de ce tombeau. Bien que la pièce ne contienne — et nous le regrettons de tout notre cœur — que des énonciations fort sommaires, elle n'en fournit pas moins, rapprochée surtout d'un autre document déjà publié par nous, sur l'ensemble du travail, sur les personnes qui y participèrent

---

[1] Bibliothèque nationale, département des Estampes, *Topographie de la France*, Alb. Haute-Vienne, n° 31.

[2] François Duchesne donne toutefois le buste du cardinal d'Arfeuille d'après la statue de son mausolée. Il y a eu, comme on sait, deux cardinaux d'Arfeuille; il s'agit du premier, de celui qu'on a appelé Guillaume l'Ancien.

et sur les prix qui leur furent payés, un aperçu assez curieux.

Rappelons en quelques mots, avant d'analyser le contenu de notre parchemin, les dernières volontés qu'avait exprimées le cardinal touchant sa sépulture.

Après avoir déclaré que, religieux profès de l'Ordre de Saint-Benoît et ancien moine de l'abbaye de Saint-Martial, il entendait être inhumé dans l'église de ce monastère, Guillaume de Chanac marquait avec la plus grande précision l'endroit où il voulait reposer : il avait choisi sa place « sous l'arcade à droite du grand autel, au-dessous des sièges où s'asseyaient le célébrant, le diacre et le sous-diacre qui l'assistaient, en face du tombeau du cardinal de Saragosse », mort en 1369. Il ajoutait qu'en ce lieu lui serait construit un tombeau d'albâtre (de marbre blanc) honorable et en rapport avec sa dignité ; que ce mausolée, surmonté de sa statue, devrait être décoré de ses armes et assorti des accessoires nécessaires [1], « de telle sorte, disait le testateur, que mes parents et amis et ceux que j'aurai connus, venant à passer par là, puissent avoir pour moi un souvenir et implorer pour mon âme la miséricorde du Très-Haut, son créateur... » Le prélat ordonnait qu'on transportât ses restes dans cette demeure définitive sous le plus court délai ; il défendait toutefois qu'on fît bouillir son corps ou qu'on le soumît à toute autre opération ayant pour but de séparer violemment la chair des os [2].

Le cardinal mourut le 30 (*alias* 29) décembre 1384 [3]. Ses volontés furent exactement remplies. On lui fit, suivant ses expresses recommandations, des obsèques telles que les comportait son rang, mais sans déploiement excessif de pompe. Son corps avait été « préparé » par deux spécialistes : N. de Serris et Pierre d'Astorg, de Nîmes, aide ou serviteur de maître Gervais Prouvaire, apothicaire d'Avignon. Cette dépouille fut provisoirement déposée dans un caveau de l'église des Dominicains. Elle n'y demeura que peu de temps. Un acte du 25 janvier 1384 v. st. (1385) atteste que

---

[1] « Volo et ordino quod in dicto loco fiat pro corpore meo sepulcrum de albastro honestum et decens statui meo, cum ymagine et armis meis et aliis necessariis. » (Archives de la Haute-Vienne, fonds de Saint-Martial, liasse n° 9237 prov.)

[2] Archives de la Haute-Vienne, fonds de Saint-Martial, n° provisoire 8741.

[3] C'est par erreur que l'abbé NADAUD indique, dans son *Nobiliaire de la généralité de Limoges*, la date de 1394 (t. I, 2ᵉ édit., p. 354) et ailleurs 1383.

ces restes reposaient déjà à cette date dans la basilique de Saint-Martial [1]. On peut toutefois se demander s'il n'y aurait pas ici, soit une erreur, soit une confusion due à la diversité des méthodes de computation, et si le texte dont il s'agit ne serait pas de treize mois, et non de vingt-sept ou vingt-huit jours seulement, postérieur au décès du prélat. Ce qui est attesté par l'épitaphe que nous reproduisons plus loin, c'est que le corps de Guillaume de Chanac fut transporté d'Avignon à Limoges dans l'année de sa mort. Huit mois étaient à peine écoulés que déjà, cette inscription l'atteste, les restes de l'ancien religieux de Saint-Martial, de l'ancien écolier du monastère, étaient inhumés à l'endroit désigné par le prélat dans l'acte de ses dernières volontés [2].

On ne connaît aucune reproduction figurée du monument construit pour recouvrir ces restes. Toutefois, François Duchesne donne dans ses *Cardinaux français* un portrait de Guillaume de Chanac d'après la statue qui décorait son mausolée. Cette statue, couchée sur un lit mortuaire de marbre, représentait le cardinal revêtu des ornements pontificaux [3]. La sépulture, que plusieurs ouvrages anciens indiquent comme construite « de pierre », était, au rapport de l'abbé Legros, « d'une espèce de marbre blanc » [4]. Baluze, de son côté, atteste qu'elle était de marbre [5]. Il l'avait certainement vue. Les matériaux de ce mausolée provenaient des carrières du Dauphiné et avaient été, on le verra plus loin, travaillés à Avignon pour être ensuite transportés à grands frais à Limoges

Deux plaques en cuivre, placées aux côtés du monument, portaient, l'une les armes du cardinal, l'autre son épitaphe, que surmontait aussi son écusson, portant, dit le P. Bonaventure de Saint-

---

[1] « Guillelmus de Chanaco, cujus corpus in dicto monasterio requiescit. » (Liasse n° 8741 provisoire.)

[2] L'épitaphe porte que, mort le 29 décembre de l'an 1384 de la Nativité, le cardinal fut inhumé dans l'église de Saint-Martial au mois d'août de la même année (*quo anno*). L'indication est exacte, l'année pontificale ayant son point de départ à Noël. Le Père Bonaventure de Saint-Amable a donc tort de corriger l'inscription et de dire : « Il faut : *anno sequenti*, puisqu'il (le cardinal) est mort en décembre et n'a esté ensevely qu'au mois d'aoust suivant. » (*Histoire de Saint-Martial*, t. II, p. 381. Limoges, Charbounier-Pachi, 1683, in-fol.)

[3] Legros, *Continuation des Annales*, à la Bibliothèque des Sulpiciens de Limoges.

[4] *Ibid.*

[5] *Vitæ paparum Avenionensium*, t. I, col. 1091.

Amable, « sept bandes d'or et huit d'azur — le terme de *bandes*
est impropre : il s'agit ici de *fasces* ou plutôt de *burelles* — à un
griffon de gueules, onglé, lampassé », avec le chapeau au-dessus [1].
Ce blason différerait de celui de la famille de Chanac, qui était :
« burelé *d'argent* et d'azur, au *lion* de gueules brochant sur le
tout. » Mais l'historien de Saint-Martial peut n'avoir pas bien lu ces
armes. Il est du reste permis de supposer que, de son temps déjà,
l'écusson était, comme les caractères de l'inscription, en partie
effacé. Quoi qu'il en soit, l'abbé Legros affirme que l'épitaphe et
les armoiries remontaient bien au quatorzième siècle. Il veut pro-
bablement parler de la plaque portant à la fois l'inscription et
l'écusson ; l'autre, en effet, celle sur laquelle on ne voyait gravées
que les armes du cardinal, et qui se trouvait placée de l'autre côté
du mausolée, était sans doute plus récente. Le Père de Saint-
Amable donne à entendre que, dans la seconde moitié du dix-
septième siècle, il n'existait qu'une seule lame de cuivre « attachée
au dehors, proche la porte de fer qui conduisoit dans le chœur et
vers l'autel [2] ».

L'épitaphe, qui a été publiée, avec la traduction, par le Père
B. de Saint-Amable [3], et depuis réimprimée par M. l'abbé Texier [4],
était ainsi conçue :

*Hic. jacet b. memoriæ reverendiss. in Christo pater et dominus,
dominus Guillelmus de Chanaco, episcopus Tusculanus, S. R. E.
Cardinalis, alias dominus Mimatensis, quondam filius domini
Guidonis de Chanaco, militis, et dominæ Isabellæ de Monte
Berulpho, Lemovic. Diocesis, decretorum doctor optimus, in
præsenti monasterio monachus effectus, nutritus et educatus a
pueritia, deinde, post plures dignitates, per R. Dominum Grego-
rium papam XI promotus extitit ad apicem cardinalatus. Multa
bona contulit præsenti monasterio, ideoque conventus die quolibet
duas missas sine nota et singulis mensibus unum anniversarium
pro eo et suis, in perpetuum celebrare tenetur. Obiit in Avenione,
die 29 decemb., anno nativit. Domini 1384, quo anno, mense*

---

[1] *Histoire de Saint-Martial*, t. I, p. 665 ; t. II. p. 381 ; t. III, p. 631.
[2] *Ibid.*, t. II, p. 381.
[3] *Ibid.*
[4] *Manuel d'épigraphie, suivi du Recueil des inscriptions du Limousin*, p. 224
(Poitiers, Dupré, 1851.)

Augusti, ejus corpus per integrum translatum et sepultum est hic, secundum suam devotam ordinationem. Oretis Deum pro ipso. Anima ejus requiescat in pace. Amen.

Nous avons reproduit cette inscription d'après une copie ou plutôt un *fac-simile* qu'en prit l'abbé Legros et que possède aujourd'hui M. l'abbé Lecler, aumônier de l'asile départemental d'aliénés de Naugeat.

Dans le courant du dix-huitième siècle, le chapitre fut, à plusieurs reprises, obligé de faire exécuter d'importantes réparations à la basilique, dont certaines parties menaçaient ruine. Le mauvais état de la coupole exigea, en 1753, que l'arcade sous laquelle était placée la sépulture du cardinal de Mende fût murée du haut en bas. On dut se décider à démolir le mausolée, sous lequel on retrouva, renfermé dans le sac de cuir qui l'avait enveloppé durant le voyage d'Avignon à Limoges, le corps du prélat tout entier. La caisse en bois de cèdre qui contenait le cadavre était remplie d'herbes exhalant encore une odeur très pénétrante. Les apothicaires de la ville des Papes avaient gagné en conscience les 40 florins qui leur avaient été payés, pour leurs drogues et leurs soins, par les exécuteurs testamentaires du cardinal.

Les restes de ce prince de l'Église demeurèrent déposés jusqu'en 1761 dans la sacristie de Saint-Martial. Puis on les réinhuma sans cérémonie dans un coin de l'édifice. Un peu plus tard, les chanoines conçurent quelques remords de la façon cavalière dont ils avaient traité le corps d'un des plus insignes bienfaiteurs de l'abbaye. L'un d'eux, M. Hugon, curé de Saint-Maurice en la Cité, fut chargé de faire réédifier pour recevoir la dépouille de Guillaume de Chanac, contre le mur même séparant le chœur du bas côté et fermant l'arcade sous laquelle avait reposé pendant près de quatre siècles le cardinal de Mende, un tombeau « dans le goût moderne ». On utilisa du mieux possible, dans ce travail, les débris de l'ancien mausolée [1]. La grille avait été transportée à la sacristie ; la plaque où étaient gravées les armes du cardinal, au trésor du chapitre ; la statue, dans la chapelle de Sainte-Agathe, puis « dans celle de l'Enfant Jésus, à côté de la porte méridionale, à main gauche en entrant

[1] « On y a remis tout ce qu'on a pu ramasser de l'ancien ouvrage. » (*Continuation des Annales,* p. 122.)

par cette porte ». Quant au cuivre de l'épitaphe, un chanoine l'avait emporté chez lui. L'abbé Legros[1], à qui nous devons ces détails, ne nous apprend pas d'une façon bien précise ce qui subsistait, en somme, de l'ancien tombeau dans le nouveau monument. Il atteste seulement que, celui-ci achevé, les restes du cardinal y furent placés en grande pompe le 20 avril 1768. Ils ne devaient pas y reposer longtemps.

Une quittance, que nous avions découverte au cours de nos recherches dans les Archives du département et dont nous avions publié le texte en 1882[2], nous avait appris que le tombeau de Guillaume de Chanac était l'œuvre d'un sculpteur avignonnais nommé Jean Le Court. L'existence de cet artiste n'avait pas été encore signalée, et nous ne réussîmes à nous procurer sur son compte aucun renseignement. L'acte trouvé par nous établissait seulement que le 7 août de l'an de la Nativité 1389, à Avignon, dans le palais du Souverain Pontife, s'étaient présentés, devant maître Gérald Boiraud, clerc du diocèse de Limoges, le sous-prieur du monastère de Saint-Martial, mandataire de l'abbé et des religieux, d'une part, et « maître Jean Le Court », sculpteur — ou tailleur de pierres, *lapicida,* — demeurant à Avignon, d'autre part. L'artiste reconnaissait avoir reçu, tant des exécuteurs testamentaires de feu le cardinal de Mende que de ses héritiers, la somme à lui promise pour le prix du « monument ou tombeau » du prélat, savoir : 530 florins d'or ayant cours à Avignon, dont 125 florins payés par Jean Gaudon, sacristain de Saint-Florent, un des exécuteurs, et 405 par le sous-prieur. Le Court ajoutait que ce dernier lui avait versé de plus 50 francs d'or pour lui tenir compte des dépenses de transport par terre et par eau, péages et autres frais occasionnés par la conduite, du pays du Dauphiné de Vienne à la cité d'Avignon, des pierres destinées à l'édification du monument et pour tout ce qui pouvait être dû d'ailleurs à l'artiste, par les exécuteurs testamentaires ou les héritiers[3].

[1] *Continuation des Annales*, manuscrit des Sulpiciens de Limoges, p. 87, 88, 122.

[2] *Le Tombeau du cardinal de Mende.* (Paris, H. Champion, 1882, in-8°. — Extrait du *Cabinet historique.*)

[3] « ...Personaliter constituti... magister Johannes Le Court, lapicida, habitator Avinionis... Ipse magister Johannes... recognovit et in veritate palam et publice confessus fuit se habuisse et numerando realiter recepisse a dominis executoribus

La pièce qui nous est récemment tombée sous les yeux, et dont on trouvera le texte à la suite de cette notice, fournit des indications un peu plus détaillées et fixe certains points ne laissant pas d'offrir quelque intérêt.

Nous ne sommes plus à Avignon, dans le vestibule ou dans une des salles de cette colossale demeure des Papes, forteresse menaçante bien plus que palais, ou plutôt nous n'y sommes pas encore; car notre document est antérieur à la quittance de Jean Le Court. C'est à Limoges, dans l'abbaye de Saint-Martial, auprès du mausolée à peine achevé, que nous voyons défiler, dans l'ordre des préséances artistiques et suivant l'exacte hiérarchie des fonctions remplies dans l'œuvre commune, les divers collaborateurs du monument élevé à la mémoire du cardinal de Mende.

Les « tailleurs de pierre », ceux qui ont ordonné le tombeau et en ont exécuté la partie la plus délicate et la plus importante à la fois, marchent en tête; c'est justice. Les auxiliaires viendront à leur suite.

Le premier nommé est Jean de Fribourg, sculpteur ou tailleur de pierre du diocèse de Lausanne. Il a été évidemment, après Le Court, l'exécuteur principal du tombeau. C'est sous ses yeux que le monument a été construit et qu'ont été mis en place les matériaux dont une partie a été préparée au loin. L'artiste vient, le 18 juin 1388, déclarer qu'il a reçu successivement de Frère Bernard Meymin ou Meymy, sous-prieur du monastère de Saint-Martial, agissant comme fondé de pouvoir de l'abbé et de la communauté : en premier lieu à Avignon, où il résidait, un cheval

et ab heredibus dicti quondam domini cardinalis, pro precio... magistro Johanni alias promisso, occasione monumenti seu sepulcri prefati quondam domini Cardinalis, quingentos et triginta florenos auri currentis in Avinione, videlicet centum et viginti quinque florenos currentes per manus religiosi viri domini Johannis Gaudonis, sacriste Sancti Florentii... et residuum, videlicet quadringentos et quinque florenos auri currentis, per manus dicti domini fratris Bernardi... Item recognovit et confessus fuit idem magister Johannes Le Court ultro se habuisse et recepisse per manus dicti domini fratris Bernardi procuratoris, ex acordio inter ipsos procuratorem et magistrum Johannem inito, per dominum Sacristam, de et super pedagiis, expensis et nonnullis aliis expositis et factis per terram et aquam, in conducendis lapidibus ad opus dicti monumenti necessariis de partibus Delphinatus Vienne ad presentem Civitatem Avinionensem et pro omnibus aliis in quibus execucio et heredes predicto eidem magistro Johanni tenebantur et teneri poterant, quacumque ratione seu causa, summam quinquaginta francorum auri, etc.

de robe noire, avec sa selle et sa bride, du prix de 11 florins de monnaie au cours de cette ville; puis à Limoges sans doute, une somme de 10 francs d'or, « en or », en outre du remboursement de toutes les dépenses du cheval et du cavalier depuis le mardi de la Pentecôte, 19 mai 1388, jusqu'au 19 du mois de juin inclusivement [1]; et encore, en monnaie courante, à Limoges et pour le compte de Jourdain Faure, — ou de Jourdain le forgeron, — 7 sous et 6 deniers à raison de la fourniture de certains ferrements pour le tombeau du cardinal. Jean de Fribourg a de plus fait payer à Pierre Placen, maçon du château de Limoges, en monnaie ayant cours en cette ville, pour l'avoir aidé à construire le même monument, la somme de 48 sous. Le sous-prieur a également donné, sur l'attestation du même, 5 sous à un charpentier et cinq sous à plusieurs ouvriers dont il avait employé les services. L'artiste avignonnais a personnellement reçu, de plus, 25 sous de monnaie au cours de Limoges, à titre de gratification.

Jean de Fribourg promet de tenir la succession du cardinal quitte de ces diverses sommes vis-à-vis de Jean Le Court, dont il est, selon toute apparence, l'élève et l'appareilleur. Jean Le Court a été, aucun doute ne saurait subsister à cet égard, l'architecte du monument et son principal entrepreneur en même temps que le sculpteur de la statue et du tombeau proprement dit. Le soubassement seul semble avoir été exécuté à Limoges.

Le 21 septembre suivant, au devant du grand portail de l'abbaye, le même notaire authentique la déclaration de Jean Mathias, autrement appelé d'Arnac, peintre du château de Limoges, lequel reconnaît avoir reçu 45 sous pour avoir peint en noir certaines parties du tombeau. Jean Mathias nous est connu par ailleurs.

Pour feu Pierre de Veyrinas, charpentier, comparaît le 7 décembre, dans le monastère, son fils Jean de Veyrinas, clerc, lequel déclare que son père a reçu 11 livres de la monnaie royale ayant cours à cette époque à Limoges, pour le dais ou pavillon construit au-dessus du mausolée.

Le même jour, dans le grand cloître de Saint-Martial, auprès de ces statues des apôtres dont nous parlions en commençant et qui avaient été exécutées sous la seconde administration de l'abbé

---

[1] Le lendemain de la date de l'acte, par conséquent.

Raymond Gaucelin (1220, *alias* 1226-1245), le sous-prieur, qui, dans les divers contrats que nous avons analysés, a agi comme fondé de pouvoir de l'abbaye, montre au notaire et aux témoins trois ouvrages légués au couvent par le cardinal : le premier intitulé : le *Catholicon;* le second : le *Miroir des Saints,* en trois volumes; le troisième, les *Méditations de saint Anselme.* Il leur fait constater que ces manuscrits ont été récemment reliés de façon convenable et qu'ils sont posés sur un meuble neuf, en forme de lutrin, garni en plusieurs endroits de bandes de fer, et auquel ces livres sont attachés à l'aide de chaînes, suivant les volontés expresses du testateur.

C'est ensuite Pierre La Borie le jeune, forgeron, qui, le 8 décembre, donne au sous-prieur quittance de 52 francs d'or pour la façon de la grille et des portes de fer qu'il a exécutées « bien et honorablement » pour former la clôture du mausolée du côté de la chapelle de saint Jean, c'est-à-dire du côté extérieur du chœur, du côté du déambulatoire. Il a employé à cet ouvrage plus de onze quintaux de fer, qui lui ont été fournis par l'abbaye.

Le même jour, Guyot de Lauvergat, boursier du château de Limoges, reconnaît avoir reçu neuf francs d'or pour le prix d'une grande couverture de peau de cerf qu'il a fournie et confectionnée à l'effet de recouvrir le mausolée.

Telle est la teneur de la série de quittances dont nous donnons le texte à la suite de la présente notice. L'auteur principal du monument, Jean Le Court, ne semble pas être venu à Limoges. C'est seulement onze mois après avoir payé les derniers comptes des artisans employés comme auxiliaires par Jean de Fribourg, que le sous-prieur, au cours d'un séjour à Avignon, dans l'été de 1389, achèvera de régler avec Le Court, à qui un des exécuteurs a déjà versé 125 florins.

Essayons de nous rendre compte du chiffre total de la dépense à laquelle a donné lieu l'exécution du tombeau. La valeur du franc d'or et de la livre, de 1384 à 1389, s'étant, d'une façon à peu près constante, maintenue à 13 fr. 38155 (environ 80 francs d'aujourd'hui, étant donnée la diminution du pouvoir de l'argent), et la livre équivalant bien exactement, d'après les énonciations mêmes de notre acte, à 20 sous de monnaie au cours de Limoges; d'autre part le florin d'or mentionné à nos documents devant être, de l'avis d'un savant des plus compétents en la matière [1], le petit florin au type de la fleur de lis, d'une valeur intrinsèque de 8 fr. 78164 au calcul de M. de Wailly (soit 52 fr. 69 environ d'aujourd'hui), notre supputation ne saurait offrir de difficulté. En récapitulant les payements effectués par le sous-prieur, nous trouverons que :

Jean Le Court, l'architecte et le sculpteur du monument, a reçu 530 florins (4,654 fr. 27) plus 50 francs (669 fr. 08), en tout. . . . .   5.323 fr. 35

Jean de Fribourg, l'aide de Le Court et son appareilleur, un cheval de 11 florins (96 fr. 60), 10 francs d'or (133 fr. 82) et 25 sous (16 fr. 73), ensemble.   247   15

Jourdain, forgeron, 7 sous 6 deniers.   5   01

Pierre Placen, maçon, 48 sous.   32   12

Payé à un charpentier, 5 sous.   3   35

A divers aides ou ouvriers, 5 sous.   3   35

A Jean Mathias dit d'Arnac, peintre, 45 sous. . .   30   10

A Jean de Veyrinas, charpentier, 11 livres. . .   147   20

A Pierre La Borie, forgeron, 52 francs.   695   84

A Guyot Lauvergat, boursier, 9 francs.   120   43

TOTAL..   6.607 fr. 90

A quoi il faut ajouter la dépense de Jean de Fribourg et de sa monture pendant un mois.

C'est donc une somme d'environ 6,700 francs, valeur du temps, qu'a déboursée le couvent pour l'exécution du tombeau de Guillaume de Charnac : 40,000 ou 41,000 francs en chiffres ronds, si on multiplie la somme indiquée à nos documents par six, coefficient généralement adopté comme exprimant la différence entre le pouvoir de l'argent à cette époque et sa puissance d'acquisition à la nôtre.

A ce prix on trouverait encore, de nos jours, à se faire élever un tombeau dont la destruction pourrait exciter les regrets des archéologues et des artistes de l'avenir.

[1] M. M. Prou, qu'un de nos amis a bien voulu consulter à ce sujet.

PIÈCE JUSTIFICATIVE

In Dei nomine, amen. Notum sit omnibus et singulis hoc presens instrumentum publicum visuris et audituris, quod, anno Domini millesimo trecentesimo octuagesimo octavo, indiccione undecima, pontificatus Sanctissimi in Christo Patris et domini nostri, domini Clementis, divina providencia pape septimi, anno decimo, die decima octava mensis junii, in abbassia monasterii Sancti Marcialis Lemovicensis, ac in mei, notarii publici, et testium subscriptorum presencia, personaliter constitutus Johannes de Frigbourt, lapicida diocesis Lausanensis, gratis recognovit et in veritate publice confessus fuit se habuisse et recepisse a venerabili et religioso viro domino Bernardo Meymini, subpriore dicti monasterii, ut procuratore et nomine procuratorio venerabilium et religiosorum virorum dominorum abbatis et conventus ejusdem monasterii Sancti Marcialis, causa, nomine et racione execcucionis testamenti ultimi bone memorie reverendissimi domini, domini Guillermi de Chanaco, quondam Sancte Sedis Apostolice cardinalis, primo videlicet unum equum pili nigri, cum sella et loris, quem sibi tradiderat in Avinione, et decostitit undecim florenos currentes in Avinione, ut dicti Johannes et procurator asseruerunt et recognoverunt.

Item, recognovit et confessus fuit amplius dictus Johannes a dicto procuratore, nomine quo supra, habuisse in auro decem francos auri, ultra expensas quas dictus procurator fecerat et administraverat eidem Johanni et dicto equo, et pro ipsis, ut idem Johannes asseruit et recognovit, a die martis post festum Penthecostes usque ad decimam nonam mensis junii inclusive.

Item, asseruit et recognovit amplius prefatus Johannes se habuisse et recepisse a dicto procuratore, nomine quo supra, pro Jordano Fabri (?) [1], pro certis ferramentis sepulcro dicti domini Cardinalis necessariis, ut idem Johannes dixit, septem solidos et sex denarios monete currentis Lemovicis.

Item, asseruit et recognovit idem Johannes amplius eundem procuratorem, nomine quo supra, tradidisse et solvisse, de mandato et voluntate ipsius Johannis, Petro Placen, lathomo castri Lemovicensis, qui juvit ipsum Johannem, ut asseruit, ad erigendum in dicto monasterio dictum sepulcrum, quadraginta octo solidos monete Lemovicis currentis. Item, cuidam carpentario qui eciam ipsum Johannem juvit, ut asseruit, quinque

---

solidos. Item, pluribus vasletis ad hoc necessariis, ut asserait, quinque solidos monete currentis Lemovicis. Item, asseruit et recognovit amplius dictus Jobannes, lapicida, se habuisse, recepisse a dicto procuratore, nomine quo supra, in dicto monasterio, in moneta currenti Lemovicis, sexaginta solidos valentes tres francos auri. Item, asseruit et recognovit amplius idem Johannes lapicida habuisse a dicto procuratore, ex dono, viginti quinque solidos monete currentis Lemovicis, quos idem procurator eidem Johanni tradidit ibidem, in mei, notarii publici, et testium subscriptorum presencia : de quibus premissis peccuniarum summis prefatus Johannes lapicida dictum procuratorem presentem et sollempniter stipulantem, nomine quo supra, ac dominos executores dicti testamenti, et bona execucionis ejusdem solvit perpetuo penitus et quictavit. Et de eisdem per dictum Johannem sic habitis, receptis et recognitis prefatos dominos executores, abbatem et conventum, ac execucionem predictam promisit tenere quictos et indempnes versus Johannem Lo Cort, lapicidam, in Avinione commorantem, dicto procuratore, nomine quo supra, presente et sollemniter stipulante. Presentibus ad premissa vocatis et rogatis testibus, venerabilibus viris dominis Stephano Gayaudi, priore de Tarno, et Petro de Fontanis, capellano parrochialis ecclesie Sancti Simphoriani Lemovicensis diocesis.

Preterea, die XXI mensis septembris, anno, indiccione et pontificatu quibus supra, in Castro Lemovicensi, videlicet ante magnam portam abbassie dicti monasterii, ac in mei, notarii publici, et testium subscriptorum presencia, personaliter constitutus Johannes Mathie, aliter de Arnaco, pictor Castri Lemovicensis, recognovit et publice confessus fuit se habuisse et recepisse a dicto procuratore, nomine quo supra, pro pingendo dictum sepulcrum de nigro in certis locis ejusdem sepulcri, quadraginta quinque solidos monete Lemovicis currentis : de quibus quadraginta quinque solidis dictum procuratorem, nomine quo supra, ac dominos executores et bona execucionis predicte solvit perpetuo penitus et quictavit.

Item, die septima mensis decembris, indiccione XII secundum usum et cursum patrie Lemovicensis, pontificatus dicti domini nostri pape anno undecimo, in abbassia predicta Sancti Marcialis Lemovicensis, ac in mei, notarii publici, ac Geraldi Rocha et Petri Seguini, fabri Castri Lemovicensis, testium ad hoc vocatorum et rogatorum, presencia, Johannes de Veyrinis, clericus, habitator dicti Castri Lemovicensis, recognovit et publice confessus fuit tam sibi quam quondam Petro de Veyrinis, carpentario, patri suo, dum viveret, jam deffuncto, per dictum procuratorem, nomine quo supra, solvisse (*sic*) et sibi integre satisfactum fuisse de undecim libris monete regis, Lemovicis nunc currentis, causa et racione cohoperture sive *pabalho* facte supra sepulcrum dicti domini Cardinalis : de quibus undecim libris prefatos dominos executores, dominos abbatem et conventum, et bona execucionis dicti testamenti solvit perpetuo et quictavit, prefato procuratore presente et stipulante ut supra.

Item, eadem die, anno, indiccione et pontificatu predictis, ultimo superius declaratis, in magno claustro regulari dicti monasterii, deversus ymagines apostolorum ibidem existentes ac in mei, notarii publici et testium subscriptorum et magistri Johannis Rampnulphi, clerici publicique notarii, et Guilhermi Chambo, curie Lemovicensis juratorum, testium ad hoc vocatorum et rogatorum presencia, dominus Bernardus Meymini, subprior et procurator prefatus, ostendit michi, notario et testibus ultimo nominatis, libros inferius declaratos, videlicet unum librum vocatum *Catholicon*, et *Speculum Sanctorale* in tribus libris sive voluminibus, et quendam alium librum vocatum *Meditaciones Beati Anselmi*, bene noviter ligatos et incathenatos cathenis ferreis, existentes supra quandam archam novam, factam et bornatam (*sic*) ad modum letranii, in pluribus partibus bendatam et ferratam, in qua sunt incathenati dicti libri, dicens quod dicti libri fuerant et erant inibi positi et incathenati juxta ordinacionem dicti domini Cardinalis, et dicta archa fuerat facta et inibi posita pro incathenando et conservando libros predictos.

Item, die VIII dicti mensis decembris, anno, indiccione et pontificatu ultimo supra declaratis, in abbassia predicta, Petrus La Boria junior, faber, recognovit se habuisse et recepisse a dicto procuratore, nomine quo supra, ibidem presente, quinquaginta et duos francos auri, pro clausura seu januis ferreis per eum bene et honorifice factis et positis circa dictum sepulcrum, deversus altare sancti Johannis dicti monasterii, et pro ferro ad hoc necessario, ultra undecim quintalia ferri operati et positi in dictis januis, prout ipsi Petrus et procurator asseruerunt et recognoverunt : de quibus quinquaginta et duobus francis, et dictis undecim quintalibus ferri, que eciam idem Petrus recognovit se habuisse a dicto procuratore, eundem procuratorem stipulantem ut supra, dominos executores, abbatem et conventum predictos, et bona dicte execucionis solvit et quictavit, presentibus ad hoc vocatis et rogatis testibus religiosis viris dominis Johanne de Stagno et Johanne Nigri, monachis dicti monasteri.

Demum eadem die, anno, indiccione et pontificatu ultimo superius declaratis, in abbassia predicta, ac in mei, notarii publici et dictorum domini Johannis de Stagno et Petri Laboria, testium ad hec vocatorum et rogatorum presencia, dictus Guyot de Lauvergat, borserius, habitator Castri Lemovicensis, recognovit se habuisse et recepisse a dicto procuratore, nomine quo supra, pro faciendo et ponendo supra dictum sepulcrum unum magnum cohopertorium de coriis cervorum, bonum et competens, novem francos auri, de quibus prenominatos procuratorem, stipulantem ut supra, ac dominos executores, abbatem et conventum, et bona dicte execucionis solvit et quictavit.

De quibus premissis prenominatus procurator, nomine quo supra, peciit a me, notario publico infrascripto, sibi dari et fieri instrumentum publicum et publica instrumenta. Acta fuerunt premissa in mei notarii publici infrascripti presencia, presentibus eciam superius nominatis testibus, distincte ut supra vocatis specialiter et rogatis.

Et ego, Aymericus La Guascheria, presbiter Lemovicensis diocesis, publicus apostolica et imperiali auctoritate notarius, premissis, ut premittitur, actis dum ut supra sic agerentur, anno, mensibus, diebus, locis, indiccione et pontificatu quibus supra, una cum prenominatis testibus presens fui eaque scripsi, publicavi et in hanc publicam formam redegi, signoque meo solito signavi hic et manu propria me subscripsi, in veritatis testimonium requisitus.

(Archives Haute-Vienne, Saint-Martial, 7769 prov.)

PARIS. — TYPOGRAPHIE DE E. PLON, NOURRIT ET Cie, 8, RUE GARANCIÈRE. — 682

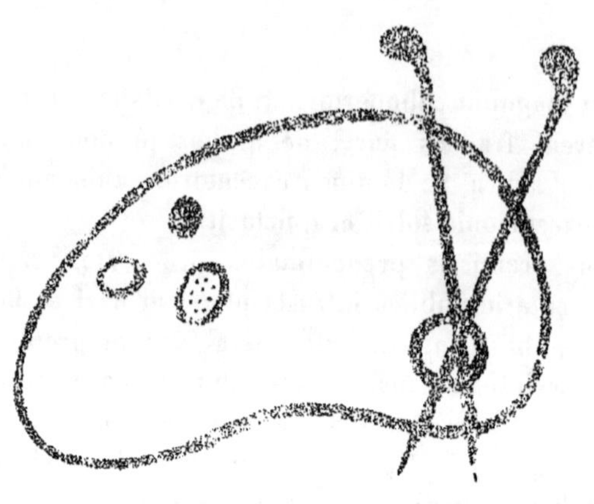